'해동성국'이라 불린 발해.
큰 나라 발해는 무엇을 남겼을까요?
오늘까지 전해지는 발해의 모습을 찾아보아요.

나의 첫 역사책 9

해동성국 발해

이현 글 | 경혜원 그림

고조선, 부여, 가야, 백제 그리고 힘찬 나라 고구려도 사라졌습니다.
전쟁에서 이긴 당나라군은 많은 고구려 사람들을 끌고 갔어요.
북쪽으로 북쪽으로.
랴오허강 서쪽의 영주 땅까지 끌려간 사람들도 있었어요.

● **랴오허강** 중국 만주 지방의 남부 평야를 흐르는 강.

영주 땅에는 다양한 사람들이 모여 살았어요.
옛 고구려 사람들과 거란 사람, 말갈 사람도 있었어요.
당나라에게 나라를 잃거나 땅을 빼앗긴 사람들이었지요.

영주는 낯설고 험한 땅이었어요.
공기는 차갑고 바람은 사나웠습니다.

"오랑캐 주제에!"

당나라 병사들은 사람들을 함부로 대했어요.
조금만 거슬려도 몽둥이를 휘두르고 감옥에 집어넣었어요.

견디다 못한 사람들이 당나라군에 맞서기 시작했습니다.
거란 사람 손만영이 먼저 나섰어요.
거란 사람들은 당나라군을 무찌르고 영주를 차지했어요.
그리고 당나라 황제가 있는 장안성까지 노렸어요.

당나라도 그냥 당하지는 않았습니다.
돌궐 사람들도 당나라를 도왔어요.
당나라 황제 측천무후가 공격을 명했어요.

"십칠만 대군을 보내 공격하라!"

거란 사람들은 당나라군에 패했어요.
손만영마저 목숨을 잃고 말았어요.

옛 고구려 사람들도 더 이상 참지 않았어요.
대조영이 고구려 사람들을 이끌었고,
말갈 사람들도 대조영을 따랐어요.

"당나라를 떠납시다! 우리의 나라를 세웁시다!"

사람들은 새로운 꿈을 꾸며 대조영을 따라나섰습니다.

당나라군이 대조영과 사람들을 쫓아오기 시작했어요.
당나라군은 병사의 수도 많고, 무기도 제대로 갖추었지요.
말들도 날쌔고 기운찼어요.
당나라군이 점점 가까워졌어요.
하지만 대조영과 사람들은 더 이상 도망치지 않기로 했어요.

"함께 싸웁시다! 우리는 할 수 있습니다!"

대조영과 사람들은 숲속에 몸을 숨겼어요.
고작 돌멩이나 나무 막대기를 손에 든 사람들이 많았지만
마음만은 어떤 칼보다 굳세었어요.
이윽고 당나라 병사들이 숲으로 들어섰어요.

"싸우자!"

"와아아아아아!"

대조영의 외침과 함께 풀숲에서 함성과 화살이 솟구쳤어요.
대조영과 사람들은 죽기를 각오하고 싸웠어요.
뜻밖의 기습에 당나라군은 허둥지둥 도망치고 말았습니다.

대조영은 동모산 아래에서 새 나라를 세웠어요.
새 나라의 이름은 발해, 옛 고구려 사람들과 말갈 사람들이
함께 세운 나라였어요.
백제를 떠나온 사람들도 있고, 거란이나 돌궐에서 온 사람들도 있었어요.
머나먼 서역에서 온 사람들은 피부색도 달랐어요.

여러 땅의 사람들이 발해로 모여들었고, 발해의 길은 곳곳으로 뻗어 나갔어요.
당나라로 가는 길, 일본으로 가는 길, 신라로 가는 길, 거란으로 가는 길.
그리고 북쪽 벌판을 따라 멀고 먼 사마르칸트까지 가는 담비의 길도 있었어요.

● **사마르칸트** 우즈베키스탄 동부에 있는 역사 도시.

발해의 산과 들에는 진귀한 동물들이 많았어요.
표범과 여우, 곰과 사슴 그리고 호랑이도 많았어요.
발해의 말도 튼튼하기로 이름났고, 발해의 매도 으뜸이었어요.
특히 담비의 인기가 좋았어요. 그중에서도 검은담비가 특별했지요.
발해 상인들은 담비 가죽을 비롯해 값진 물건들을 싣고
당나라로, 일본으로, 신라로 그리고 머나먼 사마르칸트로 떠났습니다.
먼 나라의 상인들이 발해를 찾기도 했어요.

하지만 당나라는 발해를 우습게 여겼어요.
대조영의 뒤를 이은 무왕은 당나라의 태도가 몹시 불쾌했어요.

"흥! 우리 발해를 얕잡아 보는구나. 당나라에게 본때를 보여야겠다!"

무왕은 동생 대문예에게 병사들을 이끌고 당나라를 공격하라고 명했어요.
하지만 대문예는 무왕과 생각이 달랐어요.

"당나라는 큰 나라입니다. 당나라에 맞서던 고구려의 최후를 잊으셨습니까?"

대문예는 당나라로 도망쳐 버렸습니다.

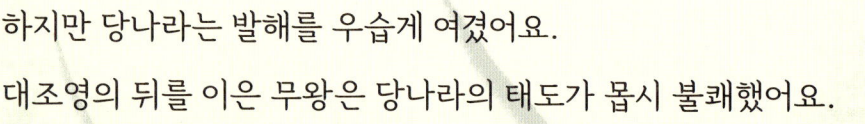

무왕은 크게 화를 내며 당나라에 사신을 보냈어요.
대문예를 내놓으라고 했지요.
하지만 당나라는 무왕에게 오히려 훈계를 늘어놓았어요.

"형제끼리 사이좋게 지내라!"

무왕은 대문예를 용서하지 않았어요.
당나라로 자객을 보내 대문예를 해치려고 했어요.
물론 당나라도 용서하지 않았어요.
무왕은 용맹한 병사들을 가려 뽑아 당나라로 보냈어요.

발해 병사들은 압록강을 지나 바다를 건넜어요.
벼락같이 들이쳐 단숨에 당나라의 덩저우를 함락했어요.
덩저우를 지키던 당나라 관리의 목숨을 빼앗았어요.
최강이라 으스대던 당나라는 크게 망신을 당했어요.
더 이상 발해를 우습게 여기지 못하게 됐습니다.

무왕의 뒤를 이은 문왕은 왕성을 새로 지었습니다.
새 왕성인 상경성은 웅장하고 아름다웠어요.
동서와 남북으로 성안을 가로지르는 도로는 넓고도 반듯했어요.
납작한 돌을 깔아 만든 길이라 수레가 다니기도 좋았어요.

화려한 기와집이 즐비한 거리는 사람들로 북적였어요.
당나라, 일본, 신라는 물론, 피부색이 다른 먼 나라 사람들도 많았어요.
상점가는 진귀한 물건으로 가득했어요.
공작의 꼬리털, 검은담비 가죽, 은이나 유리로 만든 장신구,
다양한 색깔의 비단, 도자기…….
당나라 사람들은 발해를 '해동성국'이라 불렀어요.
'바다 동쪽의 대단히 번성한 나라'라는 뜻이었지요.

그런데 문왕에게 큰 슬픔이 찾아왔어요.
정혜 공주와 정효 공주가 젊은 나이에 세상을 떠나고 말았어요.
문왕은 슬픔에 잠겨 먹는 일도, 자는 일도 잊었어요.

"공주를 위해 묘를 짓도록 하라!"

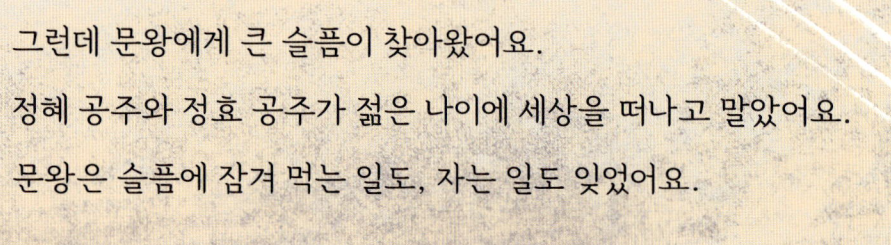

발해 사람들은 무덤을 아름답게 꾸몄어요. 고구려와 닮은 점이었어요.
정혜 공주와 정효 공주의 무덤도 글자나 무늬를 새긴 벽돌로 세워졌어요.
비석에는 글을 새기고, 벽에는 그림을 그렸어요.
공주를 도울 궁녀들, 음악을 들려줄 악사들, 무덤을 지킬 병사들도 그렸어요.
부처님께 기도하는 마음으로 무덤 위에는 우아한 탑을 세웠어요.

한편, 당나라는 형편이 나빠지고 있었습니다.
당나라 황제는 나라를 제대로 돌보지 못했고, 신하들은 제 욕심만 채웠어요.
참다못한 사람들이 힘을 모아 들고일어났어요.
그래도 황제는 잘못을 바로잡지 않았어요. 신하들도 정신을 차리지 않았지요.
백성들의 뜻을 묻기는커녕 병사들을 보내어 백성들을 짓밟게 했어요.

그 틈에 거란이 힘을 키우고 있었어요.
야율아보기가 거란 사람들을 하나로 모았어요.
야율아보기는 꿈이 컸어요.
당나라를 무너뜨리고, 거란의 힘으로 온 세상을 차지하고 싶었어요.
그런데 아무래도 발해가 걸렸어요.

그 무렵 발해는 예전과 달라졌어요.
아무 걱정 없는 날을 보내는 동안 당나라와 맞서던 용기는 모두 사라졌어요.
발해군은 더 이상 날쌔지도, 강하지도 않았어요.
게다가 왕자마저 거란에 납치된 형편이었어요.
왕도, 신하도, 깊이 탄식할 따름이었어요.
해결책을 내놓는 사람도, 스스로 나서는 사람도 없었어요.
그때 힘찬 말발굽 소리가 왕궁으로 달려왔어요.

"아뢰옵니다! 저 홍라녀가 왕자님을 구해 오겠사옵니다!"

홍라녀는 발해에서 가장 무예가 뛰어나다고 이름난 소녀였어요.
장백산 신선에게 무예를 배웠다는 소문이 자자했어요.
황제와 신하들은 맨발로 달려 나가 홍라녀를 맞이했어요.

"정녕 혼자 거란군과 싸우겠단 말이냐?"

홍라녀는 하얀 말을 타고 큰 칼을 휘두르며 거란군에게 달려갔어요.
한꺼번에 덤벼드는 거란 병사들을 헤치고 앞으로 달렸어요.
저만치 거란 왕의 깃발이 보였어요. 홍라녀는 칼을 높이 치켜들었어요.
바로 그때였어요. 슝!
홍라녀의 가슴에 화살이 박혔어요. 슝!
두 번째 화살은 하얀 말의 가슴에 꽂혔어요.
발해의 마지막 희망마저 붉은 피를 흘리며 쓰러지고 말았습니다.

걷기 전부터 말을 탄다는 거란 사람들은 바람처럼 빨랐어요.
야율아보기의 거란군은 단숨에 상경성을 포위했어요.
발해는 미처 싸울 준비도 못 했지요.

"어찌하면 좋단 말인가!"

대인선 왕의 탄식에도 누구 하나 대답하지 않았어요.
병사도 부족했고, 무기도 변변치 않았어요.
다른 곳의 병사들을 불러 모을 겨를도 없었어요.
성안에서 버틸 만한 식량도 없었지요.

"항복하라! 항복하면 살려 준다!"

거란군이 외쳐 댔어요.

발해의 왕은 하얀 옷으로 갈아입었어요.
더 이상 왕이 아니라는 뜻이었지요.
삼백 명의 신하들도 하얀 옷으로 갈아입고 왕의 뒤를 따랐어요.
상경성의 모든 사람들이 통곡했어요.
왕은 슬픔으로 가득한 거리를 지나 성문을 열었어요.
성 밖의 거란군 앞에 무릎을 꿇었습니다.

발해는 멸망하고 말았습니다.

대조영이 세운 나라, 발해는 사라지고 말았어요.
하지만 그곳의 사람들은 여전히 꿋꿋하게 살아갔어요.
어떤 사람들은 거란을 피해 남쪽으로 남쪽으로 내려갔어요.
백두산을 지나고 두만강을 건너, 신라가 차지했던 고구려의 옛 땅으로 돌아갔어요.

"어서 오시오!"

그곳의 새 황제가 두 팔을 벌려 환영해 주었어요.

그는 신라의 황제가 아니었어요.
그곳은 더 이상 신라의 땅이 아니었어요.
새 나라의 이름은 고려.
발해 사람들을 기쁘게 맞이한 사람은 고려의 첫 번째 황제, 왕건이었습니다.
남쪽 땅에서 새 나라가 생겨나고 있었어요.

나의 첫 역사 여행

사라진 왕국의 비밀을 찾아서

상경성

발해의 왕성이었던 상경성은 당나라의 장안성 다음으로 큰 도시였다고 해요.
아마 우리 역사상 가장 큰 도시였을 거예요.
세월이 흐르며 상경성은 사라졌지만, 그 흔적은 아직 남아 있어요.
상경성의 자리는 헤이룽장성 닝안시 보하이(발해)진, 중국 땅이에요.
그래서 중국은 발해가 자신들의 역사라고 우기고 있어요.
하지만 고구려의 것과 같은 온돌 장치와 여러 유물이 성터에 남아 있어서
발해가 고구려의 후예라는 사실을 증명하고 있지요.

발해의 흔적이 남아 있는 상경성 터

상경성 절터의 발해 석등

고구려의 온돌(위)과 발해 성터에서 발견된 온돌(아래)

정효 공주 묘

정효 공주 묘의 벽화

중국 땅 곳곳에 발해 고분군이 있어요.
고분군이란 오래된 무덤이 모여 있는 곳을 말해요.
그중에서도 지린성에 있는 정효 공주 묘가 유명해요.
문왕의 넷째 딸 정효 공주의 묘는 발해의 보물이에요.
발해의 벽돌, 벽화, 탑, 묘비가 고스란히 발견되었거든요.
특히 벽화에는 발해 사람들의 모습이 생생하게 그려져 있어요.
모두 728자의 글자가 새겨진 묘비도 발해의 모습을
전해 준답니다.

속초 시립 박물관(발해역사관) ▼   sokchomuse.go.kr

국립 중앙 박물관

연꽃무늬 기와
머리 장식용 뒤꽂이
석조 불상

국립 중앙 박물관에 발해 전시실이 있어요.
안타깝게도 유물이 얼마 되지 않고,
대부분 복제품이에요.
진짜 유물은 중국이나 러시아에 있거나
심지어 일본이 멋대로 가져가 버리기도 했어요.
건물을 장식하는 용머리상, 연꽃무늬 기와,
아기자기한 불상들과 나무에 새긴 발해인의 글씨…….
언젠가 진짜 발해의 유물로 우리의 박물관을
가득 채울 날을 상상해 보아요.

국립 중앙 박물관 ▼   www.museum.go.kr

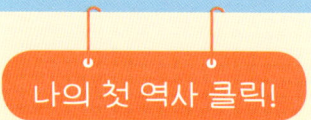

거란은 누구일까요?

발해를 멸망시킨 것은 거란족이 세운 요나라입니다.
요나라는 단 보름 만에 발해의 왕성인 상경성을 무너뜨렸어요.
'바다 동쪽의 융성한 나라'라는 뜻으로 당나라 사람들이
'해동성국'이라고 부르던 발해를 멸망시켰지요.
발해는 요나라군에 변변히 맞서 싸워 보지도 못했어요.
요나라를 세운 거란족은 중국의 북쪽으로 펼쳐진 넓은 벌판을 누비던 유목 민족이에요.
유목민이란, 한곳에 머무르지 않고 가축과 함께 떠돌며 살아가는 사람들이에요.
말을 잘 타고 활을 잘 쏘아요. 강하고 용맹하지요.

요나라 화가가 남긴 거란 사람들의 모습

하지만 유목민들은 나라를 이루지 않고 그냥
무리 지어 떠돌아다니곤 해요.
그러다 이따금 힘을 모아 나라를 세우면
무시무시한 힘을 과시했어요.
활을 잘 쏘고 말을 잘 타며 강하고 용맹한 나라!
거란족이 세운 요나라, 몽골족의 원나라,
여진족의 금나라와 청나라.
유목민의 나라들은 중국 대륙을 뒤흔들고,
한반도를 휩쓰는 태풍이 되기도 했어요.
거란족의 요나라는 발해를 멸망시켰고,
곧 고려로 몰려오게 됩니다.

거란 문자가 새겨진 거울

요나라 때 쌓았다는 충싱사 쌍탑

글 이현

세상 모든 것의 이야기가 궁금한 동화작가입니다. 우리나라 곳곳에 깃든 이야기를 찾아 어린이들의 첫 번째 역사책을 쓰고 있습니다. 그동안 《짜장면 불어요》, 《로봇의 별》, 《악당의 무게》, 《푸른 사자 와니니》, 《플레이 볼》, 《일곱 개의 화살》, 《조막만 한 조막이》, 《내가 하고 싶은 일, 작가》 등을 썼습니다. 제13회 전태일 문학상, 제10회 창비좋은어린이책 공모 대상, 제2회 창원아동문학상 등을 받았습니다.

그림 경혜원

그림책의 매력에 푹 빠져 어린이와 그림을 좋아하는 마음을 가득 담아 그림을 그리는 그림작가입니다. 대학에서 영문학을 공부했습니다. 쓰고 그린 책으로 《내가 더 커!》, 《한 입만》, 《공룡 엑스레이》 등이 있고, 그린 책으로 《꿈을 그리는 소녀, 신사임당》, 《이선비, 장터에 가다》, 《이순신의 거북선 노트》, 《비석이 들려주는 이야기 한국사》 등이 있습니다.

나의 첫 역사책 9 — 해동성국 발해

1판 1쇄 발행일 2019년 7월 12일 | 1판 4쇄 발행일 2020년 12월 18일
글 이현 | **그림** 경혜원 | **발행인** 김학원 | **편집주간** 정미영 | **기획** 이주은 박현혜 | **디자인** 김태형 유주현 진예리 박인규 이수빈 박진영
마케팅 김창규 김한밀 윤민영 김규빈 김수아 송희진 | **제작** 이정수 | **저자·독자 서비스** 조다영 윤경희 이현주 이령은(humanist@humanistbooks.com)
스캔 (주)로얄프로세스 | **용지** 화인페이퍼 | **인쇄** 삼조인쇄 | **제본** 영신사 | **표지·본문 디자인** 유주현 한예슬
발행처 휴먼어린이 | **출판등록** 제313-2006-000161호(2006년 7월 31일) | **주소** (03991) 서울시 마포구 동교로23길 76(연남동)
전화 02-335-4422 | **팩스** 02-334-3427 | **홈페이지** www.humanistbooks.com

글 ⓒ 이현, 2019 그림 ⓒ 경혜원, 2019
ISBN 978-89-6591-371-9 74910
ISBN 978-89-6591-332-0 74910(세트)

· 이 책은 저작권법에 따라 보호받는 저작물이므로 무단 전재와 무단 복제를 금합니다.
· 이 책의 전부 또는 일부를 이용하려면 반드시 저작권자와 휴먼어린이 출판사의 동의를 받아야 합니다.
· **사용연령 6세 이상** 종이에 베이거나 긁히지 않도록 조심하세요. 책 모서리가 날카로우니 던지거나 떨어뜨리지 마세요.